AF268223

LB
48.
1879.

PROJET

DE CONCILIATION

ENTRE

LES ROYALISTES ET LES LIBÉRAUX;

Par M. le Marquis de B...... S.....,

Député de 1815, Chevalier de l'Ordre Royal de Saint-Louis,
et de la Légion-d'Honneur.

Medio tutissimus ibis.
(Ovidii Metam.)

A PARIS,

Chez BATAILLE et BOUSQUET, Libraires, Palais-Royal,
Galeries de Bois, N.° 250.

1821.

PROJET

DE CONCILIATION

ENTRE

LES ROYALISTES ET LES LIBÉRAUX

Par M. le Marquis de D.....R.....,

Député de 1815, Chevalier de l'Ordre Roy.¹ de Saint-Lou.¹s et de la Légion-d'Honneur.

PROJET
DE CONCILIATION

ENTRE LES

ROYALISTES ET LES LIBÉRAUX.

Royalistes, j'ai émigré avec vous sur les terres d'Allemagne; j'ai combattu près de Condé; revenu en France, j'ai vu l'étranger dans la tour de mes pères ; j'ai été déshérité de mon patrimoine : écoutez ma voix, elle ne vous est pas inconnue !!!

Libéraux, je suis Français comme vous , et je me fais gloire d'être juste avant tout : mon cœur n'est point fermé aux sentimens généreux de la liberté, mais je crains la licence. Ecoutez ma voix ; peut-être elle ne sera pas sans utilité pour la patrie !!..

Rallions-nous!! Rallions-nous!!...

Ce mot n'est plus le cri d'un parti qui réunit ses forces pour renverser le parti contraire ; ce mot n'est plus l'appel des intérêts particuliers, aux haines, aux préjugés, aux vengeances! C'est le vœu proclamé de toute la France tourmentée du besoin de la paix, c'est le vœu de la France indignée des divisions qui déchirent ses enfans, c'est le vœu de Louis XVIII, dont les vieux jours s'adouciront par notre bonheur et notre harmonie sociale. Mais comment tant d'intérêts opposés pourront-ils se confondre? tant d'opinions disparates s'effacer? Comment les amours-propres pourront-ils transiger? Serait-il possible, au milieu de ce chaos d'idées, d'ambitions diverses qui se combattent, de fixer un point unitaire où viendraient se rattacher en faisceau tous ces élémens dispersés et qui semblent hétérogènes? Certes, ce ne sera pas, lorsqu'on aigrira les esprits par des récriminations injustes et réciproques, ce n'est pas en prêtant à tous les vœux des intentions criminelles qu'on réunira tous les vœux !! Ce n'est pas en employant les sophismes et la mauvaise foi qu'on fera triompher la justice et la vérité.

Proscrire l'usage par la crainte de l'abus, voilà si je ne me trompe, le procédé que suivent en France les deux partis vis-à-vis l'un de l'autre. Prenez garde à la royauté, dit celui-ci, elle vous conduit au despotisme : séparez-vous du libéralisme, dit celui-là, il vous donnera l'anarchie. Etrange manière de raisonner! dont l'application à tous les motifs de notre conduite journalière et habituelle reviendrait à dire : Ne soyez pas religieux, vous pourriez être fanatique : ne vous éclairez pas de cette lumière, car elle pourait mettre le feu. Mais non ! les hommes ne sont pas si absurdes gratuitement, et si l'on veut approfondir cette logique qui paraît si fautive, on reconnaîtra bientôt que les Français déraisonnent sciemment, et croyent être obligés par de grands intérêts à faire des paralogismes, ce sont leurs jugemens sur les hommes, qui vicient leurs jugemens sur les choses : en un mot, la méfiance égare leur raison. Ce n'est pas la royauté que repoussent les libéraux, c'est le despotisme où ils soupçonnent les royaliste de vouloir les conduire ; ce n'est pas la liberté, que la plupart des royalistes redoutent, mais la république dont ils s'efforcent de prévenir le retour funeste : de telle façon, que, si, d'un côté, l'on jurait de ne point vouloir le despotisme, de l'autre, de ne point ressusciter la république, les royalistes seraient libéraux, et les libéraux royalistes. Ainsi la dissidence des opinions vient, j'ose le dire, presqu'uniquement, non pas de la différence des choses qu'on désire, mais des suspicions d'hypocrisie jetées sur les volontés. Tous veulent aller à Londres, mais ils n'osent s'embarquer ensemble ; certains craignent d'être conduits à Constantinople, d'autres à Buenos-Ayres, ou à Sainte-Hélène.

Observez que ces craintes exagérées placées entre les deux partis les poussent inévitablement vers les extrêmes ; la frayeur du despotisme jette dans le désir d'une extrême liberté , et celle de l'anarchie dans la recherche d'un pouvoir presque absolu. C'est la marche des passions humaines. Ainsi , rassurer les hommes sur leurs intentions respectives , serait déjà un grand moyen de rapprochement entr'eux. Mais ceux-là convaincus , il en restera toujours qui, même en accordant de la bonne-foi , des vues honorables au parti opposé., croiront , par religion de systême , que les projets de ce parti sont dangereux , inexécutables. Prouver à ceux-ci qu'en les rejetant, au contraire , tout autre systême est dangereux , inexécutable , serait l'ouvrage d'un bon citoyen. Je ne me dissimule pas la difficulté de l'entreprise et la faiblesse de mon talent, mais l'amour de mon pays et de mon Roi suppléera ce qui me manque : si je n'atteins pas le but, j'aurai du moins l'honneur d'avoir ouvert la carrière : un autre plus habile sera peut-être plus heureux ! Et qu'on ne me dise pas : « Vous êtes un transfuge !.. » Je ne me range d'aucun parti, je ne veux plus de partis ! Je ne suis pas transfuge, car je reste fidèle à mon zéle pour les Bourbons. Je dirai le fond de mon âme : on peut changer de façon de parler , quand on a changé de façon de penser : ceux-là seuls sont des transfuges, qui sont des hypocrites : ils sont transfuges de la vérité, de la franchise, de l'honneur.

Mon travail se partage naturellement en deux divisions : l'une, où je considérerai les hommes, l'autre où je m'attacherai spécialement aux choses.

Royalistes : il faut le dire, une grande division vient de s'opérer parmi nous. Les uns panchent pour l'aristocratie héréditaire ; les autres veulent le Roi que le Ciel nous a rendu, et la Charte comme le Roi nous l'a donnée. Tels sont les vœux de la majorité des royalistes, tels sont les miens.

Il est des hommes de qui l'on pourrait dire qu'un long sommeil a fermé leurs yeux depuis 30 ans. Ils se réveillent, trouvent tout changé autour d'eux, et ne pensent pas qu'il y ait rien de mieux à faire que de rétablir les choses comme elles étaient, lorsqu'ils se sont endormis. Ils ne s'aperçoivent pas que le corps politique a pris d'autres formes, qu'il a grandi, pour ainsi dire, et que les habits qu'ils veulent lui donner ne vont plus à sa taille. — Ces hommes sont de bonne foi : je le crois sincèrement, et si l'on parvenait à leur démontrer l'impossibilité, les inconvéniens mortels d'une rétrogradation donnée au mouvement de la société, peut-être les aurait-on convertis : c'est ce que j'essayerai de leur prouver quand je m'occuperai particulièrement des choses ou des systèmes.

Heureusement les partisans·de l'aristocratie héréditaire ne sont pas les plus nombreux. Toute la France a sanctionné de son approbation la résistance de MM. Lainé, de Villèle et Corbière. — Qui ne sait la chaleur et le talent avec lesquels ces nobles députés ont osé opposer une digue à l'invasion de l'aristocratie qui nous menaçait en comité secret (1) ? « Nous voulons la Charte, nous défendrons la Charte ! » s'écriaient ces orateurs. Ici je m'arrête ; et je me hâte de faire cette question si intéressante, si naturelle, que tous les honnêtes gens la font avec moi : Pourquoi les libéraux qui protestent de leur dévouement aux Bourbons et à la Charte, et les royalistes, qui tiennent le même langage, ne se réunissent-ils pas? Ils sont d'accord, et ils se battent !!! Ils pourraient mieux employer leur temps. — Oh! me dit-on, les libéraux ne sont pas francs ; ils ont une arrière pensée ; ils nous tendent des pièges. — Voyons jusqu'à quel point cette allégation est fondée.

---

(1) Le 9 janvier, MM. Lainé, Villèle, Corbière soutinrent au comité secret les droits de la Charte contre MM. D..... et La B.....

Quel tableau nous offre la France depuis la révolution ? Les excès et les horreurs enfantés par la violation des principes sacrés et conservateurs du bonheur et du repos des peuples. Le pouvoir absolu de quelques-uns assis sur les débris du Gouvernement réprésentatif, et faisant passer sous son niveau meurtrier et l'aristocratie de la naissance , et l'aristocratie des talens. Noblesse titrée, noblesse des sentimens , génie, gloire de la vertu , tout offusquait cette dévorante révolution ; elle frappait toutes les supériorités. Il semblait qu'elle eût voulu réduire la France à n'avoir que des monstres égaux en crimes et en lâcheté ! Malesherbes, Bailly, les Girondins!... Leur mort serait-elle une leçon perdue pour la postérité ? Le calme succède à tant d'horreurs. Napoléon ramène l'ordre : la gloire ne tarda pas à mettre sur nos plaies un baume consolateur. Le bruit des victoires nous étourdissait ; le temps fut, où l'amour-propre national nous défendait nos plaintes ; nous avions trop de succès pour sentir nos véritables souffrances. Quand on voyait le dôme des Invalides pavoisé des drapeaux ennemis, on oubliait que la paix manquait à notre commerce, que nos enfans manquaient à leurs familles. Seuls nous avons vaincu l'Europe; seuls, nous avons été vaincus par l'Europe entière. Sans Louis XVIII, la France aujourd'hui serait peut-être une pro-vince de l'Etranger. La tranquillité reparais-sait, et fécondait toutes les sources de la pros-périté publique ; la mer vomit Bonaparte sur nos côtes : la paix était dans sa poche, et la guerre éclata par-tout ; elle nous a coûté notre armée, une partie de nos fortunes, la honte d'une seconde invasion et d'une occupation mi-litaire étrangère !...

Depuis cinq ans nous jouissons du repos avec l'extérieur. Le rétablissement de la dynastie des Bourbons s'affermit ; cette dynastie, qui semblait avoir chancelé naguère, vient de pousser une nouvelle racine qui l'attache pour long-temps à notre sol ; la France en a tres-sailli de joie, et ses acclamations ont été le ser-ment de sa fidélité. La confiance dans les affaires s'est ranimée, le commerce a pris une vigueur plus active, des liens plus forts se sont établis entre les peuples et l'autorité : voilà ce qu'est la France.

Ainsi depuis vingt-huit ans, les désordres et les crimes de l'anarchie, les conquêtes dévas-tatrices de la tyrannie, les guerres intestines ; sortir des mains sanglantes de la Convention pour tomber sous la verge de fer de Bona-parte, échapper à Bonaparte pour obéir aux lois sous Louis XVIII, qui nous reconquit

une seconde fois encore ; et tout cela avec les
bouleversemens qu'entraînent les changemens
de maîtres ; tel a été notre passe-temps. — Eh
bien ! maintenant de quoi pouvons-nous soup-
çonner les libéraux ? Croirons - nous qu'ils
veuillent le renversement de la monarchie,
et nous replonger dans l'abîme des révolutions ? Je porte mes regards sur ce côté gauche
de la Chambre des Députés. J'y vois des ban-
quiers, des négocians riches, de grands propriétaires, des fonctionnaires publics habiles
et estimables. Quoi ! tous ces hommes, parce
qu'ils siégent dans ce côté de la Chambre, tra-
vaillent à troubler la société, à démolir l'édi-
fice du bonheur public ! J'avoue que cette
induction me paraît un peu torturée.

On n'agit pas sans intérêt ; c'est un principe
de droit. N'est-il pas absurde de supposer à
cette collection de citoyens attachés par leurs
biens, leur industrie, leurs places, leur talent, au territoire, au calme du pays, des
projets dont l'exécution mettrait en péril et
le pays et leurs intérêts ? Quant à moi, j'ai
toujours eu plus de facilité à croire les royalistes ambitieux de l'aristocratie, que les libéraux amis des guillotines, des incendies de
châteaux : les uns, disais - je, peuvent bien
espérer quelque avantage à partager l'autorité

et les faveurs exclusivement; mais, quel attrait peut avoir pour M. Lafitte la perspective de l'échafaud? MM. Casimir Perrier, Ternaux, etc., veulent-ils s'enrichir? ou bien voudraient-ils faire revivre la loi agraire? — Ce ne sont pas les chefs, objecte-t-on, qui sont dangereux; leurs intentions sont pures : mais ne voyez-vous pas derrière eux des hommes à bonnets rouges aiguisant leurs piques et leurs poignards?... — Oui ! oui ! je les vois; mais réunissons-nous; soyons forts, et ne craignons pas d'être justes : ne repoussons pas cette foule d'honnêtes gens, parce qu'ils ont bien loin derrière eux une horde de scélérats ! S'ils ont à leur suite des jacobins rouges nous avons à la nôtre des jacobins blancs : s'ils ont des libéraux parmi eux qui demandent la liberté pour avoir la licence, n'avons-nous pas des royalistes tout prêts à faire asseoir leurs vengeances person-nelles dans les tribunaux de la justice? et qui, dans leur barbare goût, n'aiment la royauté qu'entourée de licteurs, et ne dictant des arrêts que pour punir ou choisir des victimes? Que les honnêtes gens s'entendent, et les espérances des passions basses dans chaque parti seront bientôt brisées contre la fermeté des institu-tions monarchiques et constitutionnelles. Les libéraux ne veulent pas la république; elle est

impraticable chez un grand peuple civilisé : ils
ne veulent pas d'autre dynastie, car ils sont
rassasiés de révolutions ; ils vénèrent la Charte,
elle consacre leurs droits ; ils la défendent et
ne la séparent pas, dans leur culte pour elle,
de Louis XVIII, son auteur et leur Roi. Pourquoi ne pas nous joindre à eux, en leur jurant
que nous sommes prêts à mourir, la Charte
à la main, sur les degrés du trône des Bourbons ?

Que demandent les royalistes dont je blâme
les prétentions ? L'hérédité du pouvoir dans
certaines familles, puis les majorats ou substi-
tutions, le droit d'aînesse, etc., qui en sont la
conséquence nécessaire. En suivant ce système,
que doit-il arriver ? De deux choses l'une : ou
le Corps législatif sera plus puissant que le
Roi, alors le Monarque ne sera que le doge
de Venise ; ou le corps législatif ne sera que
le sénat de Bonaparte ; c'est-à-dire le très-
humble et très-obéissant serviteur de son
maître. L'expérience, le fanal de l'histoire,
nous indique ces deux écueils où l'aristocratie a
toujours fait échouer l'arche des libertés natio-
nales. Qu'offrez-vous donc à la France, royalistes imprudens ? Le pouvoir absolu ? personne
n'en veut. Une aristocratie héréditaire ? sans
vous répéter ici les opinions de tous les grands

publicistes qui la combattent, il me suffira d'examiner si cette forme de gouvernement convient à l'état actuel de notre patrie.

Quelque temps avant la révolution il pouvait bien y avoir en France une caste privilégiée, des couvens, etc. Cet ordre de choses existait depuis l'origine de la monarchie : on y était accoutumé; c'était déjà un motif de trouver le fardeau moins pesant. Les citoyens roturiers savaient que leur naissance les excluait de certains emplois, de certains rangs dans la société; alors leurs intérêts prenaient une autre direction, et par conséquent ne se trouvaient pas dans leur développement heurtés par des ordres ou des corps dont les droits étaient au moins injustes. Les lumières, les talens, ne suffisaient pas pour conduire aux charges, aux honneurs ; tout le monde ne s'instruisait pas, et l'on laissait exploiter l'éducation à ceux que le hasard appelait à figurer sur la scène du gouvernement, à ceux que leur vocation poussait dans le barreau, et enfin au petit nombre d'hommes qui se vouaient à la culture des lettres. Tous les grands propriétaires d'ailleurs, toutes les fortunes imposantes, se trouvaient dans la noblesse et le clergé.

Le règne faible de Louis XV, ou plutôt la force des choses, le besoin pour les esprits de

s'occuper d'objets nouveaux (les arts d'imita-
tion étant envahis par le siècle de Louis XIV),
les abus, la corruption des grands et du clergé,
toutes ces causes imprimèrent à la curiosité de
quelques hommes hardis une tendance aux ma-
tières d'intérêt public. On souleva mille ques-
tions de droit civil, politique, religieux ; on
s'éclaira sur des points qui n'avaient jamais été
discutés. L'instruction se répandit, la noblesse
même se piqua de bel-esprit. Mais, les trois-
quarts d'une nation, connaissant ses droits, ne
souffrent pas long-temps qu'on leur en refuse la
jouissance. La révolution éclata... Sans doute
ses commencemens furent beaux, sublimes !
et sa fin abominable et sacrilége. Mais je n'en
parle ici que pour en démontrer les premiers
motifs.—On réclamait alors l'abolition des pri-
viléges, l'égale répartition des impôts, l'éga-
lité des droits. Or, on est bien forcé de con-
venir que depuis la révolution tous les grands
propriétaires ne sont pas seigneurs de leurs
villages ; qu'il y a des négocians qui veulent
être comptés dans l'état ; que, dans toutes les
classes, des hommes se sont destinés à des fonctions publiques, stimulés par l'espoir d'un droit
égal d'admissibilité ; qu'enfin, si l'on n'en a
pas entièrement joui, ce droit du moins était
reconnu légalement depuis vingt-cinq ans. Tant

d'hommes devront-ils abjurer leurs nobles ambitions ? Chaque Français roturier devra-t-il
renoncer à l'espérance qui l'ennoblit d'être
utile à son pays ? L'industrie , les talens ,
seront-ils des titres d'exclusion ?

En un mot , peut-on croire que cette masse
d'intérêts nouveaux (car il faut bien les recon-
naître) reçoive un choc aussi vigoureux que
celui que vous lui préparez , sans que la réac-
tion soit violente , et peut-être , funeste ? Nous
laissons la réponse de cette question à faire à
nos lecteurs.

Royalistes constitutionnels , faisons des con-
cessions, et les libéraux vont se confondre dans
nos rangs. Rendons-nous aux lumières : consa-
crons la Charte. Ne parlons plus du droit de
légitimité , dans un sens que nous avons peine
à comprendre nous-mêmes. Ne le faisons pas
mystérieux pour le rendre sacré. Le pouvoir
vient du ciel ; eh ! certainement , comme la vérité , la justice en descendent. Mais qui distri-
bue l'exercice de ce pouvoir sur la terre ? Ne
sont-ce pas les peuples ? Ne croyez pas, en cela,
que je veuille faire l'apologie des usurpateurs.
Non , Bonaparte n'était pas légitime , parce
qu'il s'est arrogé le sceptre par la force ; parce
que nous l'avons plutôt supporté que choisi ;
parce qu'enfin , d'après nos lois fondamentales,

la couronne de France était l'héritage des Bourbons, et que Louis XVIII en était le propriétaire,
sinon le possesseur. Oui, la légitimité se fonde
sur le droit d'hérédité accordé par la nation,
accordé, dans ses intérêts, pour éviter les
troubles inévitables d'une élection, et de la va-
cance du trône! Ce droit est assez sacré, assez
clair! Pourquoi l'entourons-nous de nuages,
en faisons-nous un être de raison, auquel nous
brûlons un encens superstitieux? Entendez, entendez Massillon, prêchant devant Louis XIV :

« Monarques, pour vous convaincre que c'est
» pour les peuples, et non pas pour vous, que
» vous êtes Rois, songez que vous tenez de lui
» votre pouvoir! Ne sont-ce pas nos ancêtres,
» en vous portant sur leurs boucliers, qui vous
» donnèrent le droit de nous commander? »
. Que les ministres de la religion se renfer-
ment dans les fonctions naturelles de leur état,
qu'ils soient les apôtres de l'Evangile et de la
morale. Nous avons une Université : perfection-
nons ses statuts, et ne laissons pas, dans un
Gouvernement représentatif, l'éducation des
jeunes citoyens à des corporations étrangères au
Gouvernement. Favorisons le bas clergé : c'est
lui qui nous a toujours rendu les plus impor-
tans services. Augmentons les traitemens des

curés, nous augmenterons les sources de la bienfaisance ; mais imitons Alexandre de Russie..... et les Jésuites ne seront pas long-temps en France. Alors, les libéraux nous aideront au rétablissement de la maison du Seigneur, car ils ne redoutent pas la puissance de la religion, mais l'ambition de ses ministres. Que les royalistes ne séparent plus le Roi de la Charte ; que les libéraux joignent toujours ensemble la Charte et le Roi : notre Gouvernement n'est pas seulement monarchique ou constitutionnel, il est monarchique et constitutionnel.

Et vous, qui rêvez le retour des anciennes institutions, ne voyez-vous pas que le jour où votre système serait établi!!!..... Je me tais ; et je n'ose prédire les malheurs de notre patrie!!!... La liberté vous effraie-t-elle ? l'accuseriez-vous des excès de la révolution ? Gardez-vous en bien ! car la religion serait responsable de la St.-Barthélemy. Ah ! si la liberté enfante des crimes, flétrissez les souvenirs d'Athènes et de Rome ; brisez et renversez ces statues de Solon, de Démosthène, de Cicéron, qui décorent votre temple législatif !... Mais non ; reconnaissez-la plutôt, cette liberté : elle se présente à vous sous l'égide de la justice ; donnez-lui un asile dans le code de nos lois ; placez-la sous la protection de l'autorité....

Quelles peuvent être vos ambitions ? n'aurez-vous pas toujours un partage assez beau dans les bienfaits de l'association ? N'avez-vous pas la Chambre des Pairs ? n'envahissez pas celle des Députés. Vous devez travailler autant pour notre âge que pour l'âge à venir. Travaillez pour cette jeunesse française, trop éprise, peut-être, de la liberté ! mais qui formera bientôt la nation ! Songez-vous aux semences que vous jetez, et à la moisson que recueilleront nos enfans ? Hélas ! notre vie est l'histoire de nos malheurs publics : jeunes encore, nous avons assisté à de sanglantes catastrophes ; et, dans notre vieillesse, nous voyons chaque jour les opinions politiques, comme des furies vengeresses, s'attacher aux familles, les diviser, et empoisonner les rapports les plus doux, les plus saints, de la parenté et de l'amitié. Notre génération s'éteindra-t-elle dans la fermentation des discordes ? Ne léguerons-nous à nos enfans que l'exemple de nos divisions ? devront-ils hériter de nos haines?... Ne les voyez-vous pas, s'entredéchirant sur nos tombeaux, venir troubler nos cendres, et nous punir par leur dispersion, peut-être, des leçons de guerre civile qu'ils auront reçues de nous !...

Royalistes constitutionnels , libéraux royalistes , partisans de l'aristocratie , Français !
rallions-nous.

FIN.

Imprimerie de MIGNERET, rue du Dragon, F. S. G., N.° 20.

www.ingramcontent.com/pod-product-compliance
Lightning Source LLC
Chambersburg PA
CBHW061152050726
47594CB00008B/3385